# 觀世音菩薩普門品

鈔經本

我的祈願祝福

恭書



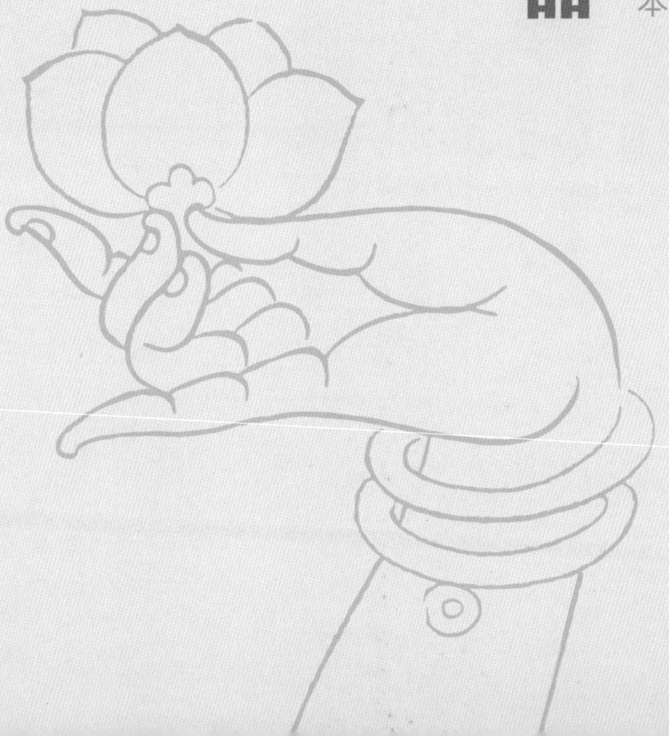

# 鈔經的意義

聖嚴法師

我們在大乘經典之中都會看到，諸佛菩薩鼓勵並讚歎受持、讀誦、書寫、禮拜，以及為他人說佛經的無量功德。「書寫」佛經的目的有二：

一、為了流通傳布佛經，分享更多的人，傳承更久的時間。由於古代的印刷術未發達，佛經的流布，都以手抄寫。印度以及南傳地區，有以貝葉寫經或律者；中國古代的佛經，多用手抄於紙卷之上，故爾留下了敦煌寶藏中的大量佛經手抄本。在北京的房山，則藏有大量的石刻藏經，也是為了能將佛經保留在石窟以及地宮中，傳之於後世，以免遇到毀佛滅釋的法難之後，佛經還不致在這世間失傳。

二、為了加強記憶印象。抄寫佛經，比讀誦佛經的功效更大，一遍又一遍的抄寫之後，縱然不能舌燦蓮華，也能漸漸地跟所抄的經義身心相應，化合為一。

若以今天印刷術之快速精美而言，佛經似乎已經不必用手抄寫了。尤其是在《大藏經》電子數位化之後，一片小而薄的光碟，就能容納整部藏經，要查任何一部經，進入電腦，便隨手可得；或者只要進入電腦網絡，找到提供藏經的網站，手指一按，便能得到你所要的佛經。

那麼，我們是否還鼓勵大家書寫佛經？答案是：「是的。」

目前法鼓山就在鼓勵並推動寫經修行，它的功能有二：

一、加強記憶，抄寫一遍，勝過閱讀十遍。

二、起恭敬心，每次提筆鈔經，均宜沐手焚香，甚至先行頂禮三拜，因為見經即見法，見法即見佛，見佛之時心必調柔清淨，鈔經之時，專念一意，如面對佛，所以等於聞佛說法，也由於凝心專注，即等於修習禪定。

抄寫完成的經典，可以留作紀念，若字跡美好，亦可分贈他人結善緣；如果抄得太多，字跡又不怎麼好，可以焚化掉，或焚香頂禮之後，送去回收再生。

# 〈觀世音菩薩普門品〉講記

聖嚴法師

〈觀世音菩薩普門品〉是《妙法蓮華經》第二十五品，因為受到普遍的重視、流通和讀誦，所以又以《觀音菩薩經》為名單行成冊。這部經從高深的層面來看，極富有哲理，從其簡易面看，又是非常易懂、人人都可接受的經典。

《法華經》全稱為《妙法蓮華經》，「妙法」意指是一切佛法之中最好的佛法；而將微妙的法句、法義貫串起來，便稱為經。

佛法就像非常微妙的蓮花，蓮花出污泥而不染，蓮藕營養美味，蓮葉及花朵清潔芳香，花謝了之後會生蓮子，蓮子又可長成蓮花，所以佛教常用蓮花代表佛法的慈悲與智慧。佛法的智慧能除煩惱，又使我們產生清淨的慈悲；以智慧來除煩惱，以慈悲來度眾生。

觀世音菩薩的修行法門在顯教和密教中都很受重視，顯教常用的兩部經典中均有特別介紹觀世音菩薩，一部是《楞嚴經》，另一部就是《法華經》。

在《楞嚴經》中，觀世音菩薩介紹自己修行的方法，所以稱為因行，也就是在因中修行的法門。《楞嚴經》卷六記載，在楞嚴會上，有二十五位大菩薩分別敘說自己所證得的圓通法門，最後由文殊菩薩評定，以觀世音菩薩的耳根圓通最為殊勝。

觀世音菩薩的耳根圓通修行方法，是耳根不向外聞，而是向內自聞耳根中能聞的聞性，由此做到「動靜二相，了然不生」；這也就是觀察分析世間音聲之虛妄不實，而能不受所動，入於如如不動的大解脫境。不像一般人的耳根是向外分別聲音，以致於受外境例如讚歎或誹謗所動，生起貪、瞋、愛、惡的煩惱，促成殺、盜、淫、妄的惡業，再受輪轉生死的苦報。

至於《法華經》則說的是觀世音菩薩的果德，也就是觀世音菩薩證得耳根圓通之後，來廣度眾生，用心耳來聽得、知道一切眾生的聲音，然後處處度眾生，時時度眾生。而〈普門品〉就是說明、介紹觀世音菩薩為什麼叫作觀世音菩薩，以及他如何廣度眾生。

觀世音菩薩之所以被稱作「尋聲救苦」，是因為任何地方的眾生只要念觀世音菩薩的名號，他都能聽到而給予救濟。在「觀聲救濟」中，一共舉出了七種災難，這就是〈普門品〉中著名的「七難」，七種苦難只是代表，其實觀世音菩薩是有求必應，所有的苦難都會救濟。

「七難」說的是身體遭遇的災難，並且指出觀世音菩薩的神力。接下來在「觀心救苦」中，說的是人們心裡的貪、瞋、癡三毒，並指出只要念觀世音菩薩就能脫險解毒。

在「觀色救苦」中，說明禮拜、供養、恭敬觀世音菩薩以及受持觀世音菩薩聖號，能得到很多利益，其功德之大不可思議，一人一時禮拜、供養觀世音菩薩的功德，等於以種種物品供養六十二億恆河沙菩薩。

觀世音菩薩可以分身千百億，因為觀世音菩薩可以現種種身、種種相，所以站在佛教徒的立場，不管看到任何形象、身分，只要對我們有幫助、為我們說佛法，我們就把他當作觀世音菩薩的化身。觀世音菩薩在任何情況下都可以使人得到平安，沒有恐怖，給予無畏的布施，所以他又有「施無畏者」的名號。

我們修行觀音法門，第一要口念觀世音菩薩，第二要身拜觀世音菩薩，第三要心想觀世音菩薩的慈悲。這樣身體恭敬、禮拜觀世音菩薩聖像，口裡稱揚繫念觀世音菩薩聖號，心裡學習嚮往觀世音菩薩的慈悲，便是修行觀音法門，便能得到觀世音菩薩的感應。

觀世音菩薩在一切法門中都能施展神力，對人以人的法門，在天以天的法門，為小乘以小乘的法門，於菩薩以菩薩的法門，需佛則以佛的法門。觀世音菩薩會因為眾生的不同需要，而以大神通力來示現種種法門，所以叫作「普門示現」，而〈普門品〉的意思也就在此。

# 鈔經前

洗淨雙手
端身正坐
收攝身、口、意

南無本師釋迦牟尼佛（三稱）

## 開經偈

無上甚深微妙法
百千萬劫難遭遇
我今見聞得受持
願解如來真實義

# 妙法蓮華經觀世音菩薩普門品

姚秦三藏法師鳩摩羅什譯

爾時無盡意菩薩。即從座起。偏袒右
肩。合掌向佛。而作是言。世尊。觀世音
菩薩。以何因緣。名觀世音。佛告無盡
意菩薩。善男子。若有無量百千萬億
眾生。受諸苦惱。聞是觀世音菩薩。一

心稱名。觀世音菩薩。即時觀其音聲。
皆得解脫。若有持是觀世音菩薩名
者。設入大火。火不能燒。由是菩薩威
神力故。若為大水所漂。稱其名號。即
得淺處。若有百千萬億眾生。為求金。
銀。琉璃。車磲。馬瑙。珊瑚。琥珀。真珠等
寶。入於大海。假使黑風吹其船舫。飄

墮羅刹鬼國。其中若有乃至一人。稱
觀世音菩薩名者。是諸人等。皆得解
脫羅刹之難。以是因緣。名觀世音。若
復有人。臨當被害。稱觀世音菩薩名
者。彼所執刀杖。尋段段壞。而得解脫。
若三千大千國土。滿中夜叉。羅刹。欲
來惱人。聞其稱觀世音菩薩名者。是

諸惡鬼。尚不能以惡眼視之。況復加害。設復有人。若有罪。若無罪。杻械枷鎖。檢繫其身。稱觀世音菩薩名者。皆悉斷壞。即得解脫。若三千大千國土。滿中怨賊。有一商主。將諸商人。齎持重寶。經過險路。其中一人。作是唱言。諸善男子。勿得恐怖。汝等應當一心

稱觀世音菩薩名號。是菩薩能以無
畏。施於眾生。汝等若稱名者。於此怨
賊。當得解脫。眾商人聞。俱發聲言。南
無觀世音菩薩。稱其名故。即得解脫。
無盡意。觀世音菩薩摩訶薩。威神之
力。巍巍如是。若有眾生。多於婬欲。常
念恭敬觀世音菩薩。便得離欲。若多

瞋恚。常念恭敬觀世音菩薩。便得離
瞋。若多愚癡。常念恭敬觀世音菩薩。
便得離癡。無盡意。觀世音菩薩。有如
是等大威神力。多所饒益。是故眾生。
常應心念。若有女人。設欲求男。禮拜
供養觀世音菩薩。便生福德智慧之
男。設欲求女。便生端正有相之女。宿

植德本。衆人愛敬。無盡意。觀世音菩
薩有如是力。若有衆生。恭敬禮拜觀
世音菩薩。福不唐捐。是故衆生。皆應
受持觀世音菩薩名號。無盡意。若有
人受持六十二億恒河沙菩薩名字。
復盡形供養飲食。衣服。臥具。醫藥。於
汝意云何。是善男子。善女人。功德多

不。無盡意言。甚多。世尊。佛言。若復有
人。受持觀世音菩薩名號。乃至一時
禮拜供養。是二人福正等無異。於百
千萬億劫不可窮盡。無盡意。受持觀
世音菩薩名號。得如是無量無邊福
德之利。無盡意菩薩白佛言。世尊。觀
世音菩薩云何遊此娑婆世界。云何

而為眾生說法。方便之力其事云何。
佛告無盡意菩薩。善男子。若有國土
眾生。應以佛身得度者。觀世音菩薩
即現佛身而為說法。應以辟支佛身
得度者。即現辟支佛身而為說法。應
以聲聞身得度者。即現聲聞身而為
說法。應以梵王身得度者。即現梵王

身而為說法。應以帝釋身得度者。即現帝釋身而為說法。應以自在天身得度者。即現自在天身而為說法。應以大自在天身得度者。即現大自在天身而為說法。應以天大將軍身得度者。即現天大將軍身而為說法。應以毘沙門身得度者。即現毘沙門身而為說法。應以小王身得度者。即現小王身而為說法。應以長者身得度者。即現長者身而為說法。應以居士身得度者。即現居士身而為說法。應以宰官身得度者。即現宰官身而為說法。應以婆羅門身得度者。即現婆羅門身而為說法。應以比丘。比丘尼。

優婆塞。優婆夷身得度者。即現比丘。
比丘尼。優婆塞。優婆夷身而為說法。
應以長者。居士。宰官。婆羅門。婦女身
得度者。即現婦女身而為說法。應以
童男。童女身得度者。即現童男。童女
身而為說法。應以天。龍。夜叉。乾闥婆。
阿修羅。迦樓羅。緊那羅。摩睺羅伽。人。

非人等身得度者。即皆現之而為說
法。應以執金剛神得度者。即現執金
剛神而為說法。無盡意。是觀世音菩
薩。成就如是功德。以種種形。遊諸國
土。度脫眾生。是故汝等應當一心供
養觀世音菩薩。是觀世音菩薩摩訶
薩。於怖畏急難之中。能施無畏。是故

此娑婆世界。皆號之為施無畏者。無
盡意菩薩白佛言。世尊。我今當供養
觀世音菩薩。即解頸眾寶珠瓔珞。價
值百千兩金。而以與之。作是言。仁者。
受此法施珍寶瓔珞。時觀世音菩薩
不肯受之。無盡意復白觀世音菩薩
言。仁者。愍我等故。受此瓔珞。爾時佛

告觀世音菩薩。當愍此無盡意菩薩
及四眾。天。龍。夜叉。乾闥婆。阿修羅。迦
樓羅。緊那羅。摩睺羅伽。人。非人等故。
受是瓔珞。即時觀世音菩薩愍諸四
眾及於天。龍。人。非人等。受其瓔珞。分
作二分。一分奉釋迦牟尼佛。一分奉
多寶佛塔。無盡意。觀世音菩薩有如

是自在神力。遊於娑婆世界。爾時無
盡意菩薩以偈問曰。
世尊妙相具。我今重問彼。
佛子何因緣。名為觀世音。
具足妙相尊。偈答無盡意。
汝聽觀音行。善應諸方所。
弘誓深如海。歷劫不思議。

侍多千億佛。發大清淨願。
我為汝略說。聞名及見身。
心念不空過。能滅諸有苦。
假使興害意。推落大火坑。
念彼觀音力。火坑變成池。
或漂流巨海。龍魚諸鬼難。
念彼觀音力。波浪不能沒。

或在須彌峰。為人所推墮。
念彼觀音力。如日虛空住。
或被惡人逐。墮落金剛山。
念彼觀音力。不能損一毛。
或值怨賊繞。各執刀加害。
念彼觀音力。咸即起慈心。
或遭王難苦。臨刑欲壽終。

念彼觀音力。刀尋段段壞。
或囚禁枷鎖。手足被杻械。
念彼觀音力。釋然得解脫。
咒詛諸毒藥。所欲害身者。
念彼觀音力。還著於本人。
或遇惡羅剎。毒龍諸鬼等。
念彼觀音力。時悉不敢害。

若惡獸圍遶。利牙爪可怖。
念彼觀音力。疾走無邊方。
蚖蛇及蝮蠍。氣毒煙火燃。
念彼觀音力。尋聲自迴去。
雲雷鼓掣電。降雹澍大雨。
念彼觀音力。應時得消散。
眾生被困厄。無量苦逼身。

觀音妙智力。能救世間苦。
具足神通力。廣修智方便。
十方諸國土。無剎不現身。
種種諸惡趣。地獄鬼畜生。
生老病死苦。以漸悉令滅。
真觀清淨觀。廣大智慧觀。
悲觀及慈觀。常願常瞻仰。

無垢清淨光。慧日破諸闇。
能伏災風火。普明照世間。
悲體戒雷震。慈意妙大雲。
澍甘露法雨。滅除煩惱焰。
諍訟經官處。怖畏軍陣中。
念彼觀音力。眾怨悉退散。
妙音觀世音。梵音海潮音。

勝彼世間音。是故須常念。

念念勿生疑。觀世音淨聖。

於苦惱死厄。能為作依怙。

具一切功德。慈眼視眾生。

福聚海無量。是故應頂禮。

爾時持地菩薩即從座起。前白佛言。世尊。若有眾生聞是觀世音菩薩品自在之業。普門示現神通力者。當知是人功德不少。佛說是普門品時。衆中八萬四千衆生。皆發無等等阿耨多羅三藐三菩提心。

妙法蓮華經觀世音菩薩普門品

姚秦三藏法師鳩摩羅什譯

爾時無盡意菩薩。即從座起。偏袒右
肩。合掌向佛。而作是言。世尊。觀世音
菩薩。以何因緣。名觀世音。佛告無盡
意菩薩。善男子。若有無量百千萬億
眾生。受諸苦惱。聞是觀世音菩薩。一

心稱名。觀世音菩薩。即時觀其音聲。
皆得解脫。若有持是觀世音菩薩名
者。設入大火。火不能燒。由是菩薩威
神力故。若為大水所漂。稱其名號。即
得淺處。若有百千萬億眾生。為求金。
銀。琉璃。車磲。馬瑙。珊瑚。琥珀。真珠等
寶。入於大海。假使黑風吹其船舫。飄

墮羅剎鬼國。其中若有乃至一人。稱觀世音菩薩名者。是諸人等。皆得解脫羅剎之難。以是因緣。名觀世音。若復有人。臨當被害。稱觀世音菩薩名者。彼所執刀杖。尋段段壞。而得解脫。若三千大千國土。滿中夜叉。羅剎。欲来惱人。聞其稱觀世音菩薩名者。是諸惡鬼。尚不能以惡眼視之。況復加害。設復有人。若有罪。若無罪。杻械枷鎖。檢繫其身。稱觀世音菩薩名者。皆悉斷壞。即得解脫。若三千大千國土。滿中怨賊。有一商主。將諸商人。齎持重寶。經過險路。其中一人。作是唱言。諸善男子。勿得恐怖。汝等應當一心

稱觀世音菩薩名號。是菩薩能以無
畏。施於眾生。汝等若稱名者。於此怨
賊。當得解脫。眾商人聞。俱發聲言。南
無觀世音菩薩。稱其名故。即得解脫。
無盡意。觀世音菩薩摩訶薩。威神之
力。巍巍如是。若有眾生。多於婬欲。常
念恭敬觀世音菩薩。便得離欲。若多

瞋恚。常念恭敬觀世音菩薩。便得離瞋。若多愚癡。常念恭敬觀世音菩薩。便得離癡。無盡意。觀世音菩薩。有如是等大威神力。多所饒益。是故眾生。常應心念。若有女人。設欲求男。禮拜供養觀世音菩薩。便生福德智慧之男。設欲求女。便生端正有相之女。宿

植德本。眾人愛敬。無盡意。觀世音菩
薩有如是力。若有眾生。恭敬禮拜觀
世音菩薩。福不唐捐。是故眾生。皆應
受持觀世音菩薩名號。無盡意。若有
人受持六十二億恒河沙菩薩名字。
復盡形供養飲食。衣服。臥具。醫藥。於
汝意云何。是善男子。善女人。功德多

不。無盡意言。甚多。世尊。佛言。若復有
人。受持觀世音菩薩名號。乃至一時
禮拜供養。是二人福正等無異。於百
千萬億劫不可窮盡。無盡意。受持觀
世音菩薩名號。得如是無量無邊福
德之利。無盡意菩薩白佛言。世尊。觀
世音菩薩云何遊此娑婆世界。云何

而為眾生說法。方便之力其事云何。
佛告無盡意菩薩。善男子。若有國土
眾生。應以佛身得度者。觀世音菩薩
即現佛身而為說法。應以辟支佛身
得度者。即現辟支佛身而為說法。應
以聲聞身得度者。即現聲聞身而為
說法。應以梵王身得度者。即現梵王

身而為說法。應以帝釋身得度者。即
現帝釋身而為說法。應以自在天身
得度者。即現自在天身而為說法。應
以大自在天身得度者。即現大自在
天身而為說法。應以天大將軍身得
度者。即現天大將軍身而為說法。應
以毘沙門身得度者。即現毘沙門身

而為說法。應以小王身得度者。即現
小王身而為說法。應以長者身得度
者。即現長者身而為說法。應以居士
身得度者。即現居士身而為說法。應
以宰官身得度者。即現宰官身而為
說法。應以婆羅門身得度者。即現婆
羅門身而為說法。應以比丘。比丘尼。

優婆塞。優婆夷身得度者。即現比丘。
比丘尼。優婆塞。優婆夷身而為說法。
應以長者。居士。宰官。婆羅門。婦女身
得度者。即現婦女身而為說法。應以
童男。童女身得度者。即現童男。童女
身而為說法。應以天。龍。夜叉。乾闥婆。
阿修羅。迦樓羅。緊那羅。摩睺羅伽。人。

非人等身得度者。即皆現之而為說
法。應以執金剛神得度者。即現執金
剛神而為說法。無盡意。是觀世音菩
薩。成就如是功德。以種種形。遊諸國
土。度脫眾生。是故汝等應當一心供
養觀世音菩薩。是觀世音菩薩摩訶
薩。於怖畏急難之中。能施無畏。是故

此娑婆世界。皆號之為施無畏者。無
盡意菩薩白佛言。世尊。我今當供養
觀世音菩薩。即解頸眾寶珠瓔珞。價
值百千兩金。而以與之。作是言。仁者。
受此法施珍寶瓔珞。時觀世音菩薩
不肯受之。無盡意復白觀世音菩薩
言。仁者。愍我等故。受此瓔珞。爾時佛

告觀世音菩薩。當愍此無盡意菩薩
及四眾。天。龍。夜叉。乾闥婆。阿修羅。迦
樓羅。緊那羅。摩睺羅伽。人。非人等故。
受是瓔珞。即時觀世音菩薩愍諸四
眾及於天。龍。人。非人等。受其瓔珞。分
作二分。一分奉釋迦牟尼佛。一分奉
多寶佛塔。無盡意。觀世音菩薩有如

是自在神力。遊於娑婆世界。爾時無
盡意菩薩以偈問曰。
世尊妙相具。我今重問彼。
佛子何因緣。名為觀世音。
具足妙相尊。偈答無盡意。
汝聽觀音行。善應諸方所。
弘誓深如海。歷劫不思議。

侍多千億佛。發大清淨願。
我為汝略說。聞名及見身。
心念不空過。能滅諸有苦。
假使興害意。推落大火坑。
念彼觀音力。火坑變成池。
或漂流巨海。龍魚諸鬼難。
念彼觀音力。波浪不能沒。

或在須彌峰。為人所推墮。
念彼觀音力。如日虛空住。
或被惡人逐。墮落金剛山。
念彼觀音力。不能損一毛。
或值怨賊繞。各執刀加害。
念彼觀音力。咸即起慈心。
或遭王難苦。臨刑欲壽終。

念彼觀音力。刀尋段段壞。
或囚禁枷鎖。手足被杻械。
念彼觀音力。釋然得解脫。
咒詛諸毒藥。所欲害身者。
念彼觀音力。還著於本人。
或遇惡羅剎。毒龍諸鬼等。
念彼觀音力。時悉不敢害。

若惡獸圍遶。利牙爪可怖。
念彼觀音力。疾走無邊方。
蚖蛇及蝮蠍。氣毒煙火燃。
念彼觀音力。尋聲自迴去。
雲雷鼓掣電。降雹澍大雨。
念彼觀音力。應時得消散。
眾生被困厄。無量苦逼身。

觀音妙智力。能救世間苦。
具足神通力。廣修智方便。
十方諸國土。無剎不現身。
種種諸惡趣。地獄鬼畜生。
生老病死苦。以漸悉令滅。
真觀清淨觀。廣大智慧觀。
悲觀及慈觀。常願常瞻仰。

112-44

台北市北投區公館路186號5樓

法鼓文化

讀者服務部 收

| | | | |
|---|---|---|---|
| 廣 | 告 | 回 | 函 |
| 台灣北區郵政管理局登記證 | | | |
| 北台字第11073號 | | | |
| 免 | 貼 | 郵 | 票 |

寄件人： □先生 □小姐

地址：

市 區鎮

縣 市區

路街 段 巷 弄 號 樓 □□□

# 讀者服務卡

感恩您對法鼓文化產品的支持。為了提供更好的服務，請您回覆以下的問題並直接寄回法鼓文化。我們非常重視您的想法，因為您的建議將是我們進步的原動力！

＊是否為法鼓文化的心田會員？ □是 □否

＊□未曾 □曾經 填過法鼓文化讀者服務卡

＊是否定期收到《法鼓雜誌》？ □是 □否，但願意索閱 □暫不需要

＊生日：________ 年________ 月________ 日

＊電話：(家) ________________ (公) ________________

＊手機：____________________

＊E-mail：___________________________

＊學歷：□國中以下□高中 □專科 □大學 □研究所以上

＊服務單位：___________________________

＊職業別：□軍公教 □服務 □金融 □製造 □資訊 □傳播
□自由業 □漁牧 □學生 □家管 □其它 ________________

＊宗教信仰：□佛教 □天主教 □基督教 □民間信仰 □無 □其它______

＊我購買的書籍名稱是：______________________________

＊我購買的地點：□書店____縣/市____ 書店 □網路____ □其它____

＊我獲得資訊是從： □人生雜誌 □法鼓雜誌 □書店 □親友□其它____

＊我購買這本(套)書是因為：□內容 □作者 □書名 □封面設計□版面編排
□印刷優美 □價格合理 □親友介紹
□免費贈送 □其它____________________

＊我想提供建議：______________________________________

□我願意收到相關的產品資訊及優惠專案 (若無勾選，視為願意)

法鼓文化 TEL:02-2893-1600 FAX：02-2896-0731

無垢清淨光。慧日破諸闇。

能伏災風火。普明照世間。

悲體戒雷震。慈意妙大雲。

澍甘露法雨。滅除煩惱焰。

諍訟經官處。怖畏軍陣中。

念彼觀音力。眾怨悉退散。

妙音觀世音。梵音海潮音。

勝彼世間音。是故須常念。
念念勿生疑。觀世音淨聖。
於苦惱死厄。能為作依怙。
具一切功德。慈眼視眾生。
福聚海無量。是故應頂禮。
爾時持地菩薩即從座起。前白佛言。
世尊。若有眾生聞是觀世音菩薩品

自在之業。普門示現神通力者。當知
是人功德不少。佛說是普門品時。眾
中八萬四千眾生。皆發無等等阿耨
多羅三藐三菩提心。

妙法蓮華經觀世音菩薩普門品

姚秦三藏法師鳩摩羅什譯

爾時無盡意菩薩。即從座起。偏袒右
肩。合掌向佛。而作是言。世尊。觀世音
菩薩。以何因緣。名觀世音。佛告無盡
意菩薩。善男子。若有無量百千萬億
眾生。受諸苦惱。聞是觀世音菩薩。一

心稱名。觀世音菩薩。即時觀其音聲。
皆得解脫。若有持是觀世音菩薩名
者。設入大火。火不能焼。由是菩薩威
神力故。若為大水所漂。稱其名號。即
得浅處。若有百千萬億衆生。為求金。
銀。琉璃。車磲。馬瑙。珊瑚。琥珀。真珠等
寶。入於大海。假使黑風吹其船舫。飄

墮羅剎鬼國。其中若有乃至一人。稱
觀世音菩薩名者。是諸人等。皆得解
脫羅剎之難。以是因緣。名觀世音。若
復有人。臨當被害。稱觀世音菩薩名
者。彼所執刀杖。尋段段壞。而得解脫。
若三千大千國土。滿中夜叉。羅剎。欲
來惱人。聞其稱觀世音菩薩名者。是

諸惡鬼。尚不能以惡眼視之。況復加
害。設復有人。若有罪。若無罪。杻械枷
鎖。檢繫其身。稱觀世音菩薩名者。皆
悉斷壞。即得解脫。若三千大千國土
滿中怨賊。有一商主。將諸商人。齎持
重寶。經過險路。其中一人。作是唱言。
諸善男子。勿得恐怖。汝等應當一心

稱觀世音菩薩名號。是菩薩能以無
畏。施於眾生。汝等若稱名者。於此怨
賊。當得解脫。眾商人聞。俱發聲言。南
無觀世音菩薩。稱其名故。即得解脫。
無盡意。觀世音菩薩摩訶薩。威神之
力。巍巍如是。若有眾生。多於婬欲。常
念恭敬觀世音菩薩。便得離欲。若多

瞋恚。常念恭敬觀世音菩薩。便得離
瞋。若多愚癡。常念恭敬觀世音菩薩。
便得離癡。無盡意。觀世音菩薩有如
是等大威神力。多所饒益。是故眾生。
常應心念。若有女人。設欲求男。禮拜
供養觀世音菩薩。便生福德智慧之
男。設欲求女。便生端正有相之女。宿

植德本。眾人愛敬。無盡意。觀世音菩
薩有如是力。若有眾生。恭敬禮拜觀
世音菩薩。福不唐捐。是故眾生。皆應
受持觀世音菩薩名號。無盡意。若有
人受持六十二億恒河沙菩薩名字。
復盡形供養飲食。衣服。臥具。醫藥。於
汝意云何。是善男子。善女人。功德多

不。無盡意言。甚多。世尊。佛言。若復有人。受持觀世音菩薩名號。乃至一時禮拜供養。是二人福正等無異。於百千萬億劫不可窮盡。無盡意。受持觀世音菩薩名號。得如是無量無邊福德之利。無盡意菩薩白佛言。世尊。觀世音菩薩云何遊此娑婆世界。云何而為眾生說法。方便之力其事云何。佛告無盡意菩薩。善男子。若有國土眾生。應以佛身得度者。觀世音菩薩即現佛身而為說法。應以辟支佛身得度者。即現辟支佛身而為說法。應以聲聞身得度者。即現聲聞身而為說法。應以梵王身得度者。即現梵王

身而為說法。應以帝釋身得度者。即
現帝釋身而為說法。應以自在天身
得度者。即現自在天身而為說法。應
以大自在天身得度者。即現大自在
天身而為說法。應以天大將軍身得
度者。即現天大將軍身而為說法。應
以毘沙門身得度者。即現毘沙門身

而為說法。應以小王身得度者。即現
小王身而為說法。應以長者身得度
者。即現長者身而為說法。應以居士
身得度者。即現居士身而為說法。應
以宰官身得度者。即現宰官身而為
說法。應以婆羅門身得度者。即現婆
羅門身而為說法。應以比丘。比丘尼。

優婆塞。優婆夷身得度者。即現比丘。
比丘尼。優婆塞。優婆夷身而為說法。
應以長者。居士。宰官。婆羅門。婦女身
得度者。即現婦女身而為說法。應以
童男。童女身得度者。即現童男。童女
身而為說法。應以天。龍。夜叉。乾闥婆。
阿修羅。迦樓羅。緊那羅。摩睺羅伽。人。

非人等身得度者。即皆現之而為說
法。應以執金剛神得度者。即現執金
剛神而為說法。無盡意。是觀世音菩
薩。成就如是功德。以種種形。遊諸國
土。度脫眾生。是故汝等應當一心供
養觀世音菩薩。是觀世音菩薩摩訶
薩。於怖畏急難之中。能施無畏。是故

此娑婆世界。皆號之為施無畏者。無
盡意菩薩白佛言。世尊。我今當供養
觀世音菩薩。即解頸眾寶珠瓔珞。價
值百千兩金。而以與之。作是言。仁者。
受此法施珍寶瓔珞。時觀世音菩薩
不肯受之。無盡意復白觀世音菩薩
言。仁者。愍我等故。受此瓔珞。爾時佛

告觀世音菩薩。當愍此無盡意菩薩
及四眾。天。龍。夜叉。乾闥婆。阿修羅。迦
樓羅。緊那羅。摩睺羅伽。人。非人等故。
受是瓔珞。即時觀世音菩薩愍諸四
眾及於天。龍。人。非人等。受其瓔珞。分
作二分。一分奉釋迦牟尼佛。一分奉
多寶佛塔。無盡意。觀世音菩薩有如

是自在神力。遊於娑婆世界。爾時無
盡意菩薩以偈問曰。
世尊妙相具。我今重問彼。
佛子何因緣。名為觀世音。
具足妙相尊。偈答無盡意。
汝聽觀音行。善應諸方所。
弘誓深如海。歷劫不思議。

侍多千億佛。發大清淨願。
我為汝略說。聞名及見身。
心念不空過。能滅諸有苦。
假使興害意。推落大火坑。
念彼觀音力。火坑變成池。
或漂流巨海。龍魚諸鬼難。
念彼觀音力。波浪不能沒。

或在須彌峰。為人所推墮。
念彼觀音力。如日虛空住。
或被惡人逐。墮落金剛山。
念彼觀音力。不能損一毛。
或值怨賊繞。各執刀加害。
念彼觀音力。咸即起慈心。
或遭王難苦。臨刑欲壽終。

念彼觀音力。刀尋段段壞。
或囚禁枷鎖。手足被杻械。
念彼觀音力。釋然得解脫。
咒詛諸毒藥。所欲害身者。
念彼觀音力。還著於本人。
或遇惡羅剎。毒龍諸鬼等。
念彼觀音力。時悉不敢害。

若惡獸圍遶。利牙爪可怖。
念彼觀音力。疾走無邊方。
蚖蛇及蝮蠍。氣毒煙火燃。
念彼觀音力。尋聲自迴去。
雲雷鼓掣電。降雹澍大雨。
念彼觀音力。應時得消散。
眾生被困厄。無量苦逼身。

觀音妙智力。能救世間苦。
具足神通力。廣修智方便。
十方諸國土。無剎不現身。
種種諸惡趣。地獄鬼畜生。
生老病死苦。以漸悉令滅。
真觀清淨觀。廣大智慧觀。
悲觀及慈觀。常願常瞻仰。

無垢清淨光。慧日破諸闇。
能伏災風火。普明照世間。
悲體戒雷震。慈意妙大雲。
澍甘露法雨。滅除煩惱焰。
諍訟經官處。怖畏軍陣中。
念彼觀音力。眾怨悉退散。
妙音觀世音。梵音海潮音。

勝彼世間音。是故須常念。

念念勿生疑。觀世音淨聖。

於苦惱死厄。能為作依怙。

具一切功德。慈眼視眾生。

福聚海無量。是故應頂禮。

爾時持地菩薩即從座起。前白佛言。

世尊。若有眾生聞是觀世音菩薩品

自在之業。普門示現神通力者。當知是人功德不少。佛說是普門品時。眾中八萬四千眾生。皆發無等等阿耨多羅三藐三菩提心。

妙法蓮華經觀世音菩薩普門品

姚秦三藏法師鳩摩羅什譯

爾時無盡意菩薩。即從座起。偏袒右
肩。合掌向佛。而作是言。世尊。觀世音
菩薩。以何因緣。名觀世音。佛告無盡
意菩薩。善男子。若有無量百千萬億
眾生。受諸苦惱。聞是觀世音菩薩。一

心稱名。觀世音菩薩。即時觀其音聲。
皆得解脫。若有持是觀世音菩薩名
者。設入大火。火不能燒。由是菩薩威
神力故。若為大水所漂。稱其名號。即
得浅處。若有百千萬億眾生。為求金。
銀。琉璃。車磲。馬瑙。珊瑚。琥珀。真珠等
寶。入於大海。假使黑風吹其船舫。飄

墮羅剎鬼國。其中若有乃至一人。稱觀世音菩薩名者。是諸人等。皆得解脫羅剎之難。以是因緣。名觀世音。若復有人。臨當被害。稱觀世音菩薩名者。彼所執刀杖。尋段段壞。而得解脫。若三千大千國土。滿中夜叉。羅剎。欲来惱人。聞其稱觀世音菩薩名者。是

諸惡鬼。尚不能以惡眼視之。況復加
害。設復有人。若有罪。若無罪。杻械枷
鎖。檢繫其身。稱觀世音菩薩名者。皆
悉斷壞。即得解脫。若三千大千國土。
滿中怨賊。有一商主。將諸商人。齎持
重寶。經過險路。其中一人。作是唱言。
諸善男子。勿得恐怖。汝等應當一心

稱觀世音菩薩名號。是菩薩能以無
畏。施於眾生。汝等若稱名者。於此怨
賊。當得解脫。眾商人聞。俱發聲言。南
無觀世音菩薩。稱其名故。即得解脫。
無盡意。觀世音菩薩摩訶薩。威神之
力。巍巍如是。若有眾生。多於婬欲。常
念恭敬觀世音菩薩。便得離欲。若多

瞋恚。常念恭敬觀世音菩薩。便得離瞋。若多愚癡。常念恭敬觀世音菩薩。便得離癡。無盡意。觀世音菩薩。有如是等大威神力。多所饒益。是故眾生。常應心念。若有女人。設欲求男。禮拜供養觀世音菩薩。便生福德智慧之男。設欲求女。便生端正有相之女。宿

植德本。眾人愛敬。無盡意。觀世音菩
薩有如是力。若有眾生。恭敬禮拜觀
世音菩薩。福不唐捐。是故眾生。皆應
受持觀世音菩薩名號。無盡意。若有
人受持六十二億恒河沙菩薩名字。
復盡形供養飲食。衣服。臥具。醫藥。於
汝意云何。是善男子。善女人。功德多

不。無盡意言。甚多。世尊。佛言。若復有
人。受持觀世音菩薩名號。乃至一時
禮拜供養。是二人福正等無異。於百
千萬億劫不可窮盡。無盡意。受持觀
世音菩薩名號。得如是無量無邊福
德之利。無盡意菩薩白佛言。世尊。觀
世音菩薩云何遊此娑婆世界。云何

而為眾生說法。方便之力其事云何。
佛告無盡意菩薩。善男子。若有國土
眾生。應以佛身得度者。觀世音菩薩
即現佛身而為說法。應以辟支佛身
得度者。即現辟支佛身而為說法。應
以聲聞身得度者。即現聲聞身而為
說法。應以梵王身得度者。即現梵王

身而為說法。應以帝釋身得度者。即
現帝釋身而為說法。應以自在天身
得度者。即現自在天身而為說法。應
以大自在天身得度者。即現大自在
天身而為說法。應以天大將軍身得
度者。即現天大將軍身而為說法。應
以毘沙門身得度者。即現毘沙門身

而為說法。應以小王身得度者。即現小王身而為說法。應以長者身得度者。即現長者身而為說法。應以居士身得度者。即現居士身而為說法。應以宰官身得度者。即現宰官身而為說法。應以婆羅門身得度者。即現婆羅門身而為說法。應以比丘。比丘尼。

優婆塞。優婆夷身得度者。即現比丘。
比丘尼。優婆塞。優婆夷身而為說法。
應以長者。居士。宰官。婆羅門。婦女身
得度者。即現婦女身而為說法。應以
童男。童女身得度者。即現童男。童女
身而為說法。應以天。龍。夜叉。乾闥婆。
阿修羅。迦樓羅。緊那羅。摩睺羅伽。人。

非人等身得度者。即皆現之而為說
法。應以執金剛神得度者。即現執金
剛神而為說法。無盡意。是觀世音菩
薩。成就如是功德。以種種形。遊諸國
土。度脫眾生。是故汝等應當一心供
養觀世音菩薩。是觀世音菩薩摩訶
薩。於怖畏急難之中。能施無畏。是故

此娑婆世界。皆號之為施無畏者。無
盡意菩薩白佛言。世尊。我今當供養
觀世音菩薩。即解頸眾寶珠瓔珞。價
值百千兩金。而以與之。作是言。仁者。
受此法施珍寶瓔珞。時觀世音菩薩
不肯受之。無盡意復白觀世音菩薩
言。仁者。愍我等故。受此瓔珞。爾時佛

告觀世音菩薩。當愍此無盡意菩薩
及四眾。天。龍。夜叉。乾闥婆。阿修羅。迦
樓羅。緊那羅。摩睺羅伽。人。非人等故。
受是瓔珞。即時觀世音菩薩愍諸四
眾及於天。龍。人。非人等。受其瓔珞。分
作二分。一分奉釋迦牟尼佛。一分奉
多寶佛塔。無盡意。觀世音菩薩有如

是自在神力。遊於娑婆世界。爾時無

盡意菩薩以偈問曰。

世尊妙相具。我今重問彼。

佛子何因緣。名為觀世音。

具足妙相尊。偈答無盡意。

汝聽觀音行。善應諸方所。

弘誓深如海。歷劫不思議。

侍多千億佛。發大清淨願。
我為汝略說。聞名及見身。
心念不空過。能滅諸有苦。
假使興害意。推落大火坑。
念彼觀音力。火坑變成池。
或漂流巨海。龍魚諸鬼難。
念彼觀音力。波浪不能沒。

或在須彌峰。為人所推墮。
念彼觀音力。如日虛空住。
或被惡人逐。墮落金剛山。
念彼觀音力。不能損一毛。
或值怨賊繞。各執刀加害。
念彼觀音力。咸即起慈心。
或遭王難苦。臨刑欲壽終。

念彼觀音力。刀尋段段壞。
或囚禁枷鎖。手足被杻械。
念彼觀音力。釋然得解脫。
呪詛諸毒藥。所欲害身者。
念彼觀音力。還著於本人。
或遇惡羅剎。毒龍諸鬼等。
念彼觀音力。時悉不敢害。

若惡獸圍遶。利牙爪可怖。

念彼觀音力。疾走無邊方。

蚖蛇及蝮蠍。氣毒煙火燃。

念彼觀音力。尋聲自迴去。

雲雷鼓掣電。降雹澍大雨。

念彼觀音力。應時得消散。

眾生被困厄。無量苦逼身。

觀音妙智力。能救世間苦。
具足神通力。廣修智方便。
十方諸國土。無剎不現身。
種種諸惡趣。地獄鬼畜生。
生老病死苦。以漸悉令滅。
真觀清淨觀。廣大智慧觀。
悲觀及慈觀。常願常瞻仰。

無垢清浄光。慧日破諸闇。
能伏災風火。普明照世間。
悲體戒雷震。慈意妙大雲。
澍甘露法雨。滅除煩惱焰。
諍訟經官處。怖畏軍陣中。
念彼觀音力。衆怨悉退散。
妙音觀世音。梵音海潮音。

勝彼世間音。是故須常念。
念念勿生疑。觀世音淨聖。
於苦惱死厄。能為作依怙。
具一切功德。慈眼視眾生。
福聚海無量。是故應頂禮。
爾時持地菩薩即從座起。前白佛言。
世尊。若有眾生聞是觀世音菩薩品

自在之業。普門示現神通力者。當知是人功德不少。佛說是普門品時。眾中八萬四千眾生。皆發無等等阿耨多羅三藐三菩提心。

# 迴向偈

願消三障諸煩惱
願得智慧真明了
普願罪障悉消除
世世常行菩薩道

祈願鈔經 2

# 觀世音菩薩普門品鈔經本

書法家 / 陳一郎
出版者 / 法鼓文化事業股份有限公司
編輯總監 / 釋果賢
主　編 / 陳重光
編　輯 / 楊仁惠
封面設計 / 自由落體設計
內頁美編 / 陳孟琪
地　址 / 台北市北投區公館路186號5樓
電　話 / (02) 2893-4646　　傳　真 / (02) 2896-0731
網　址 / http://www.ddc.com.tw
E-mail / market@ddc.com.tw
讀者服務專線 / (02) 2896-1600
初版一刷 / 2009年6月
建議售價 / 新台幣100元
郵撥帳號 / 50013371
戶名 / 財團法人法鼓山文教基金會—法鼓文化
北美經銷處 / 紐約東初禪寺
Chan Meditation Center (New York, U.S.A.)
Tel / (718) 592-6593　　Fax / (718) 592-0717
ISBN：978-957-598-469-4 (平裝)

法鼓文化